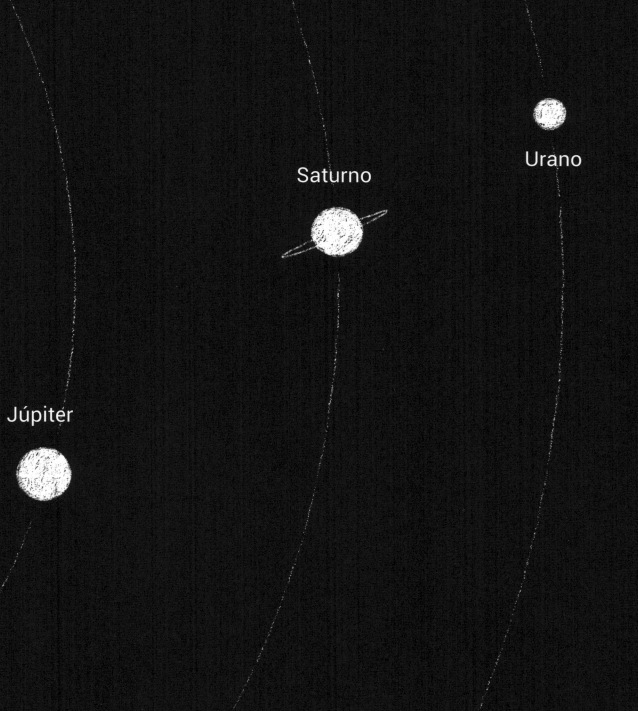

Júpiter

Saturno

Urano

La noche está llena de promesas
Primera edición: noviembre de 2021
Título original: *La nuit est pleine de promesses*

© 2021 Thule Ediciones, SL
Alcalá de Guadaíra 26, bajos. 08020 Barcelona
www.thuleediciones.com
© 2021 Éditions Amaterra

Director de colección: José Díaz
Adaptación gráfica: Jennifer Carná
Traducción: Alvar Zaid

EAN: 978-84-18702-21-1
D. L.: B 15671-2021
Impreso por Índice Arts Gràfiques, Barcelona, España

JÉRÉMIE DECALF

LA NOCHE ESTÁ LLENA DE PROMESAS

thule

Desde la noche de los tiempos,
miramos hacia lo alto
y nos preguntamos...

¿Qué habrá ahí arriba?

¿Qué habrá ahí arriba?

Me han construido
para saber un poco más.

Cuando me terminaron, me pusieron en un cohete.

Ahora me voy.

Me elevo.
Atravieso las nubes.
Traspaso el día.

Me he liberado.
Detrás de mí, la Tierra.

Ante mí, la noche.

Profunda.
Infinita.

Meses, años.

Miles de kilómetros.

El vacío, algunas rocas.

Y de repente...

Júpiter.

Apenas intercambiamos una mirada.
Nada detiene mi marcha.

El espacio.

No hay arriba,

ni abajo.

Aparece una maravilla.

Saturno.
Me fascina.

La Tierra ha desaparecido.

Pero el azul de Urano...

... y luego, mucho más allá, el de Neptuno, me recuerdan de dónde vengo.

¿Qué pasa ahora?

Nada.

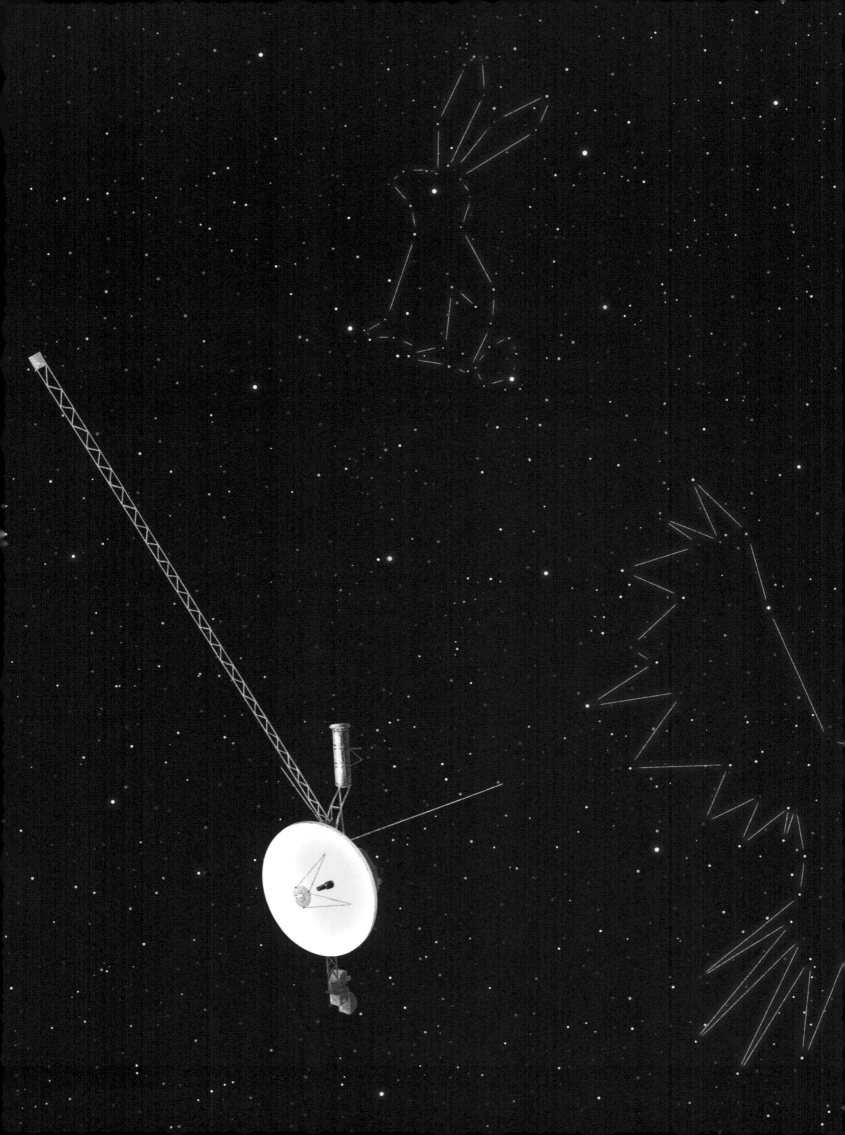

El Sol no es más que una estrella.
Mi imaginación vuela.

Llevo un disco de oro,
en un costado.

Es un mensaje,
una botella al mar.

Con música e
imágenes de la Tierra.

Pues, en los confines de la noche,
¿con quién me encontraré?

¿Con nuevos amigos?

Si en una noche de verano
miras a las estrellas,

piensa en mí, allá arriba.

En mi viaje,
que aún sigue.

Lanzadas por la NASA
en el verano de 1977, la Voyager 2
y su gemela Voyager 1 fueron las primeras
sondas en acercarse a Júpiter y Saturno.
Ambas continuaron su viaje;
la Voyager 2 se acercó a otros dos
planetas: Urano y Neptuno.

De extraordinario valor científico, estas
misiones también nos han permitido
descubrir la impresionante belleza de
nuestros vecinos en el espacio.

Todavía operativas, en la actualidad
las dos sondas nos informan sobre la
composición del espacio interestelar, ese
lugar inexplorado que se extiende más allá
de las fronteras del Sistema Solar.

Hasta la fecha, se encuentran entre los
pocos ingenios diseñados por humanos
capaces de viajar tan lejos.

En el disco de oro hay registrada
información sobre la Tierra y sus
habitantes, fotos y grabaciones.
Pero también hay música,
desde Bach a Chuck Berry,
así como música tradicional senegalesa.

Es el mensaje de la humanidad para una
civilización alienígena en caso de que las
Voyager contacten con ella algún día...
o alguna noche.

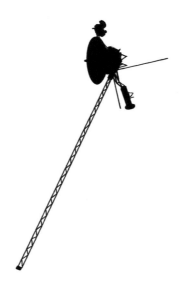

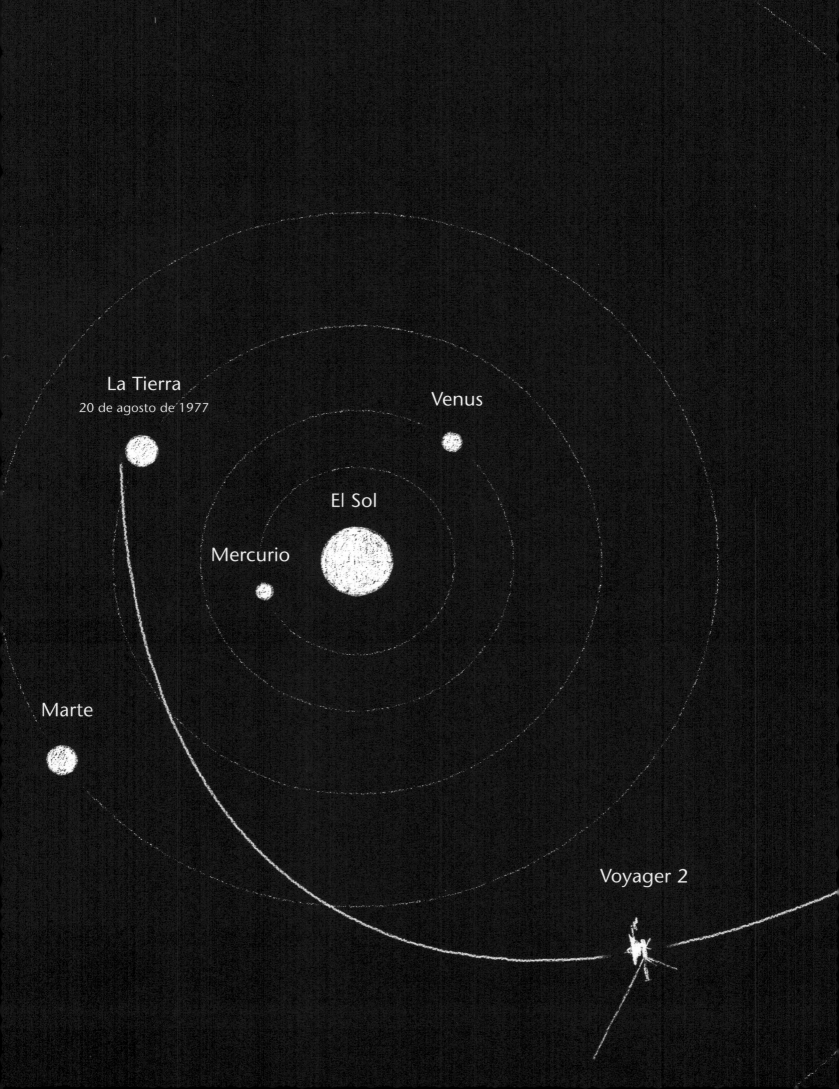